GUÍA DE ESTUDIO

PERDONADO ™

EL PODER TRANSFORMADOR DE LA CONFESIÓN

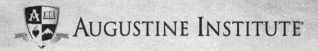

AUGUSTINE INSTITUTE

PERDONADO™
EL PODER TRANSFORMADOR DE LA CONFESIÓN

Nihil Obstat: Fr. Gary B. Selin, S.T.D.
        Censor Deputatus
Imprimatur: +Most Reverend Samuel J. Aquila, S.T.L.
        Archbishop of Denver
        Denver, Colorado, USA
        October 5, 2017

Escritores: Ashley Crane, Lucas Pollice, Sean Dalton, Becca Arend
Producción impresa/Diseño gráfico: Jeff Cole, Brenda Kraft, Christina Gray, Jane Myers, Devin Schadt, Kathleen McCarty, Ann Diaz
Medios de comunicación: Steve Flanigan, Aurora Cerulli, Jon Ervin, Matthew Krekeler, Justin Leddick, Kevin Mallory, Ted Mast, Edward Sri, Molly Sweeney

6160 South Syracuse Way, Suite 310
Greenwood Village, CO 80111
Información: (866) 767-3155
formed.org

Impreso en los Estados Unidos de Norteamérica
ISBN: 978-0-9997592-2-6

TABLA DE CONTENIDO

Perdonado: INTRODUCCIÓN

Bienvenido al programa PERDONADO™. Estas sesiones están cuidadosamente diseñadas para ayudarte a que tengas un encuentro más profundo con la misericordia de Dios en el Sacramento de Penitencia. Y si eres un padre de familia, también te ayudará a prepararte para la primera confesión de tu hijo(a). Estas sesiones explorarán los efectos profundos y la gracia sanadora del Sacramento de Reconciliación.

En este programa, descubrirás la forma en que Dios nos busca misericordiosamente cuando hemos pecado y nos llama a que regresemos a Él. Examinarás el sacramento desde el punto de vista del sacerdote y del penitente, y explorarás los fundamentos de los pasajes bíblicos propios del sacramento. Este estudio te ayudará a darte cuenta de la belleza del Rito de Penitencia y el poder transformador que la gracia de Dios nos ofrece en este sacramento.

Lo que Encontrarás en Cada Sesión de PERDONADO:

ORACIÓN INICIAL: La oración está incluida en la Guía del Líder y en la Guía de Estudio. Puedes leerla en silencio o en voz alta.

INTRODUCCIÓN: Lee la introducción para tener un resumen de lo que verás en la sesión.

CONEXIÓN: Se te invita a participar en la conversación con dos preguntas diseñadas para ayudarte a pensar y a hablar sobre el tema que se está viendo.

VIDEO: Juntos verán un segmento de video que enseña el tema usando las Sagradas Escrituras y la Sagrada Tradición de la Iglesia Católica, junto con historias interesantes y testimonios. Esta Guía de Estudio incluye un esquema breve que sigue el orden de los puntos importantes en la enseñanza y tiene un espacio para tomar notas.

DISCUSIÓN: Este tiempo es para platicar en grupos pequeños sobre la enseñanza del video; las preguntas para la reflexión sobre el tema están en esta guía.

COMPROMISO—Un Encuentro con la Misericordia de Dios: Este paso te ayuda a comprender mejor el Sacramento de Reconciliación y te ayuda a tener una relación más íntima con Cristo y con Su Iglesia. Este paso lo verás primero con tu grupo.

CONCLUSIÓN Y ORACIÓN FINAL: Después de revisar los puntos más importantes de la sesión juntos, terminarás con una oración. La oración la encontrarás en esta guía, así que puedes elegir leerla en silencio o en voz alta.

MÁS A FONDO: En esta Guía de Estudio hemos incluido frases de santos, fragmentos del *Catecismo de la Iglesia Católica* y de otros libros católicos pertinentes al tema de cada sesión.

PARA MÁS ESTUDIO: En esta Guía de Estudio hemos incluido frases de santos, fragmentos del *Catecismo de la Iglesia Católica* y de otros libros católicos pertinentes al tema de cada sesión.

NOTAS

PERDONADO™

EL PODER TRANSFORMADOR DE LA CONFESIÓN

SESIÓN 1
¿Dónde Estás?

SESIÓN 1 | ¿DÓNDE ESTÁS?

ORACIÓN INICIAL

Desde el abismo clamo a ti, Señor,
¡Señor, escucha mi voz!
que tus oídos pongan atención
al clamor de mis súplicas!
Señor, si no te olvidas de las faltas,
Adonai, ¿quién podrá subsistir?
Pero de ti procede el perdón,
y así se te venera.
Espero, Señor, mi alma espera,
confío en tu palabra;
mi alma cuenta con el
Señor más que con la aurora, el centinela.

Como confía en la aurora el centinela,
así Israel confíe en el Señor; porque junto al Señor
está su bondad y la abundancia de sus liberaciones,
y él liberará a Israel de todas sus culpas.

Amén.

—Salmo 130

INTRODUCCIÓN

¿Alguna vez has recibido una "llamada de atención" que te inspiró a hacer un cambio en tu vida? Tal vez fue algo importante, como una situación de salud que te forzó a tomar mejores decisiones. O tal vez fue algún comentario de un amigo que te convenció a llevar a cabo una acción diferente en cierto asunto. Cuando nos desviamos del curso de nuestra vida, Dios a menudo nos envía una llamada de atención para acercarnos a Él. Pero algunas veces es difícil, e incluso doloroso, parar, escuchar y dar la vuelta. Gracias a Dios, Él no nos pide que lo hagamos por nuestra propia cuenta. Él no sólo nos llama a regresar a casa, sino que también camina con nosotros en cada paso del camino.

CONEXIÓN

¿Puedes compartir una experiencia que haya sido una "llamada de atención" en tu vida?

¿Qué crees que es lo más importante de ser un Cristiano?

> *"En la vida del cuerpo, algunas veces el hombre está enfermo, y a menos que tome medicina, morirá. Más aun en la vida espiritual, un hombre está enfermo debido al pecado. Por esta razón necesita medicina para que pueda restablecer su salud; y esta gracia es derramada en el Sacramento de Penitencia".*
> **—Santo Tomás de Aquino**

VIDEO

Ver el video. El siguiente es un breve resumen de los temas tratados.

I. **Llamada de atención**

   A. La culpabilidad puede ser el camino que Dios utiliza para llamar nuestra atención

   B. Nos señala que algo necesita cambiar

   C. ¿Cómo manejamos la culpabilidad?

      1. Encontrando distracciones

      2. Racionalizando nuestro comportamiento

      3. Culpando a otros

      4. Admitiendo que estamos equivocados

Un Sacerdote en el confesionario © Anneka / shutterstock.com

VIDEO CONTINUADO

II. Pecado

A. Se refiere a romper una relación, no sólo desobedecer una regla

B. Nos conduce a escondernos de Dios, como lo hicieron Adán y Eva

III. La perspectiva de Dios

A. Sobre todas las cosas, Dios es amor

B. "Padre" es quien Dios es; "Legislador" , "Juez," etc. es lo que Él hace

C. "¿Dónde estás?"

    1. Cuando pecamos Dios nos busca

    2. El único pecado que Dios no puede olvidar es aquel por el que no pedimos perdón

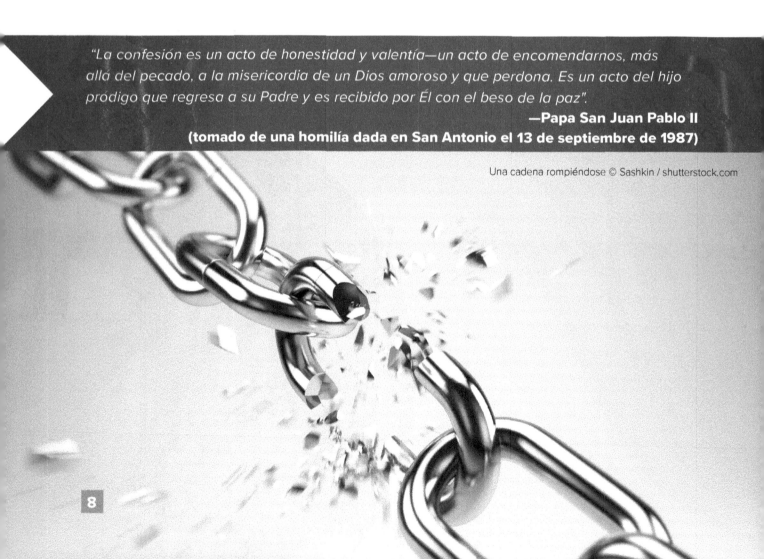

"La confesión es un acto de honestidad y valentía—un acto de encomendarnos, más allá del pecado, a la misericordia de un Dios amoroso y que perdona. Es un acto del hijo pródigo que regresa a su Padre y es recibido por Él con el beso de la paz".

—Papa San Juan Pablo II
(tomado de una homilía dada en San Antonio el 13 de septiembre de 1987)

Una cadena rompiéndose © Sashkin / shutterstock.com

DISCUSIÓN

1. ¿Cuál es tu interpretación de esta frase: "Cuando pecamos, Dios no nos ama menos, sino que nosotros nos amamos menos"?

_____

_____

2. "Llega un momento en que uno debe tomar una posición que no es ni segura, ni política, ni popular, mas sin embargo, debe tomarla porque su conciencia le dice que es lo correcto".
  —Martin Luther King Jr., Un Testamento de Esperanza: Los Escritos y los Discursos Esenciales
A la luz de esta frase, ¿por qué es esencial que tengamos una conciencia bien formada para ser felices?

_____

_____

3. "¡Dios no sólo desea más de nosotros, Él desea más para nosotros!" ¿Qué crees que significa esta frase?

_____

_____

"La conciencia moral es un juicio de la razón por el que la persona humana reconoce la cualidad moral de un acto concreto que piensa hacer, está haciendo o ha hecho".
—CIC 1778

COMPROMISO—Un Encuentro con la Misericordia de Dios

Considera el llamado de Dios a Adán y a Eva después de haber pecado: "*Oyeron después la voz de Yavé Dios que se paseaba por el jardín, a la hora de la brisa de la tarde. El hombre y su mujer se escondieron entre los árboles del jardín para que Yavé Dios no los viera. Yavé Dios llamó al hombre y le dijo: '¿Dónde estás?'*" (Génesis 3:8–9).

El primer impulso de Adán y Eva después de su pecado es esconderse de Dios. Ellos sienten la misma culpabilidad que nosotros experimentamos cuando sabemos que hemos hecho algo mal, y esto causa alejarnos de Él. **¿Alguna vez sientes un deseo de esconderte de Dios? ¿Por qué o por qué no?**

_____

_____

_____

Cuando Dios viene al Jardín, Él ya sabe del pecado de Adán y Eva. Él los busca, no para llamarles la atención por sus acciones y pagar el precio por su error; Él no los busca para regañarlos o castigarlos. Dios los está llamando de nuevo a que regresen—a que salgan de la vergüenza y dejen de esconderse, para que regresen a Él. Dios desea reparar el daño que el pecado ha hecho.

Dios nos ama tanto que Él no permitirá que nada se interponga entre nosotros y Su amor. Antes de que Adán y Eva hayan aún expresado dolor por su pecado, Dios los busca. ¡Ésta es la belleza increíble de la misericordia de Dios! Como San Pablo lo dice en su Carta a los Romanos: "Pero Dios dejó constancia del amor que nos tiene: Cristo murió por nosotros cuando todavía éramos pecadores" (Romanos 5:8).

Dios no espera a que nosotros regresemos a Él después de que hemos pecado—Él viene en busca de nosotros, así como buscó a Adán y a Eva. En Su amor misericordioso, Él nos busca para llevarnos de nuevo a casa. Él nos está preguntando a cada uno de nosotros: "¿Dónde estás?" **¿Cuál es tu respuesta? ¿Cuáles son algunas áreas en tu vida que necesitas entregar al amor misericordioso de Dios?**

_____

_____

_____

_____

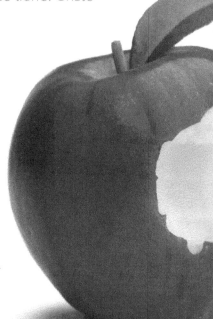

Una manzana © Mega Pixel / shutterstock.com

ORACIÓN FINAL

Ten piedad de mí, oh Dios, en tu bondad, por tu gran corazón, borra mi falta.
Que mi alma quede limpia de malicia, purifícame tú de mi pecado.

Pues mi falta yo bien la conozco y mi pecado está siempre ante mí;
contra ti, contra ti sólo pequé, lo que es malo a tus ojos yo lo hice. Por eso en tu
sentencia tú eres justo, no hay reproche en el juicio de tus labios.

Rocíame con agua, y quedaré limpio; lávame y quedaré más blanco que la nieve.
Haz que sienta otra vez júbilo y gozo y que bailen los huesos que moliste.
Aparta tu semblante de mis faltas, borra en mí todo rastro de malicia.

Crea en mí, oh Dios, un corazón puro, renueva en mi interior un firme espíritu.
No me rechaces lejos de tu rostro ni me retires tu espíritu santo.
Dame tu salvación que regocija, y que un espíritu noble me dé fuerza.

Señor, abre mis labios y cantará mi boca tu alabanza.

Amén.

—Salmo 51:1–4, 7–12, 15

PARA MÁS ESTUDIO

Catecismo de la Iglesia Católica, 1422–1429

Papa San Juan Pablo II, Reconciliatio et Paenitentia (Reconciliación y Penitencia),
Exhortación Apostólica Post-sinodal (1984)

Parábola del Hijo Pródigo, Lucas 15:11–32

NOTAS

PERDONADO™

EL PODER TRANSFORMADOR DE LA CONFESIÓN

SESIÓN 2
Un Encuentro de Misericordia

PASO 1: ORACIÓN INICIAL

Señor Jesucristo,
Tú nos muestras la gloria del Padre,
el Dios de misericordia y perdón,
el Dios que es amor.
Ayúdanos a confiar más plenamente
en Tu divina misericordia
y confiar completamente en Tu amor sin fin.
Enséñanos a ser misericordiosos como el Padre,
para que todo el mundo pueda
conocer y confiar en Tu amor misericordioso.
Te lo pedimos por la intercesión de María,
Madre de Misericordia.

Amén.

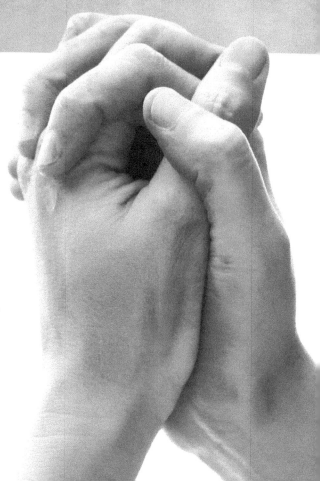

INTRODUCCIÓN

Dios nos ama en el lugar donde nos encontramos espiritualmente, pero Él nos ama demasiado para dejarnos ahí. En la última sesión vimos que la culpabilidad es una llamada de atención— una forma de llamar nuestra atención para regresar a Dios cuando hemos pecado. En esta sesión estudiaremos más de cerca la invitación de Dios para que encontremos Su misericordia y Su sanación en una forma muy real y tangible en el Sacramento de Reconciliación.

"Toda persona que está en Cristo es una creación nueva. Lo antiguo ha pasado, lo nuevo ha llegado. Todo eso es obra de Dios, que nos reconcilió con Él en Cristo y que a nosotros nos encomienda el mensaje de la reconciliación. Pues en Cristo Dios estaba reconciliando el mundo con Él; ya no tomaba en cuenta los pecados de los hombres, sino que a nosotros nos entregaba el mensaje de la reconciliación. Nos presentamos, pues, como embajadores de Cristo, como si Dios mismo les exhortara por nuestra boca. En nombre de Cristo les rogamos: ¡déjense reconciliar con Dios! Dios hizo cargar con nuestro pecado al que no cometió pecado, para que así nosotros participáramos en Él de la justicia y perfección de Dios".

—2 Corintios 5:17–21

CONEXIÓN

¿Puedes describir algún momento en que estuviste muy consciente de la presencia de Dios en ti?

¿Quién ha sido alguien que más te haya ayudado en la vida?

"En su solicitud materna, la Iglesia nos concede la misericordia de Dios que va más allá del simple perdón de nuestros pecados y actúa especialmente en el Sacramento de Reconciliación".
—CIC 2040

Iglesia de San Francisco de Asís © Curioso / shutterstock.com

15

SESIÓN 2 | UN ENCUENTRO DE MISERICORDIA

Ver el video. El siguiente es un breve resumen de los temas tratados.

I. La Mujer encontrada en adulterio (Juan 8)

   A. ¿Cómo se estaba sintiendo?

   B. Encuentro inesperado con el amor y la misericordia de Dios

      1. Jesús no la condenó

      2. Él tampoco condonó sus pecados

   C. Dios nos mira como somos y nos ama

   D. La confesión nos ofrece un nuevo comienzo

      1. No somos nuestros pecados

      2. La misericordia nos invita a una vida mucho mejor

II. La misericordia de Dios

   A. Dios es misericordioso

   B. Constantemente Dios nos busca

   C. Tenemos un encuentro con Jesús mismo en el Sacramento de Reconciliación

   D. Jesús les dio a Sus apóstoles Su propia autoridad y poder para perdonar pecados

      1. Dios siempre ha utilizado mediadores

      2. El sacerdote actúa *in persona Christi capitis,* "en la Persona de Cristo, como Cabeza"

III. El aspecto humano del sacramento

A. Dios sabe que necesitamos una experiencia tangible de misericordia y de perdón

B. La confesión nos da un encuentro físico con la realidad sobrenatural de la gracia

C. Tenemos una necesidad humana de decir "lo siento"

D. Tenemos una necesidad humana de realmente escuchar a alguien decir que hemos sido perdonados

IV. Sanación

A. En la confesión Jesús perdona nuestros pecados

B. Él también desea enfocarse en la causa principal de nuestro pecado y sanar las heridas del pecado en nuestra alma

C. El sacramento nos da la gracia de "ir y no pecar más"

D. Dios nos ofrece Su misericordia para que podamos extender Su misericordia en el mundo

DISCUSIÓN

1. Según los psicólogos, una crisis de identidad ocurre cuando alguien no está seguro de su papel en la vida y se siente como si no se conociera a sí mismo. En otras palabras, alguien que está experimentando una "crisis de identidad" no es capaz de proporcionar una respuesta a la pregunta "¿Quién eres?". ¿Qué diferencia crees que Jesús hace en la formación de una identidad fuerte?

La Identidad es cuando nos Bautizan

2. La santidad y el pecado tienen una relación inversa. Mientras el pecado crece, la santidad disminuye, y viceversa. Dicho esto, era común para muchos de los santos el ir a la confesión frecuentemente. Por ejemplo, se sabe que el Papa San Juan Pablo II y Santa Teresa de Calcuta (Madre Teresa) iban a confesarse una vez a la semana. ¿Cómo explicamos esta aparente contradicción?

3. En la confesión, ¿por qué el sacerdote dice "Yo te absuelvo de tus pecados" y no "Dios te absuelve de tus pecados"?

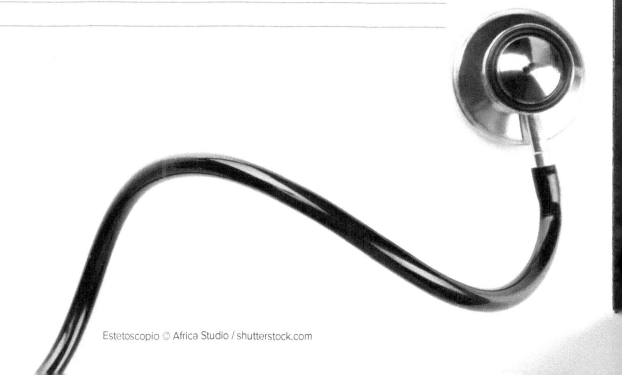

Estetoscopio © Africa Studio / shutterstock.com

COMPROMISO—Un Encuentro con la Misericordia de Dios

La historia de la mujer encontrada en adulterio en el Evangelio de San Juan 8:2–11 nos muestra una bella imagen de la misericordia y la gracia que se nos ofrecen en el Sacramento de Reconciliación. Lee lentamente y en forma de oración este pasaje:

"Al amanecer [Jesús] estaba ya nuevamente en el Templo; toda la gente acudía a Él, y Él se sentaba para enseñarles. Los maestros de la Ley y los fariseos le trajeron una mujer que había sido sorprendida en adulterio. La colocaron en medio y le dijeron: 'Maestro, esta mujer es una adúltera y ha sido sorprendida en el acto. En un caso como éste la Ley de Moisés ordena matar a pedradas a la mujer. Tú ¿qué dices?' Le hacían esta pregunta para ponerlo en dificultades y tener algo de qué acusarlo. Pero Jesús se inclinó y se puso a escribir en el suelo con el dedo. Como ellos insistían en preguntarle, se enderezó y les dijo: 'Aquel de ustedes que no tenga pecado, que le arroje la primera piedra.' Se inclinó de nuevo y siguió escribiendo en el suelo. Al oír estas palabras, se fueron retirando uno tras otro, comenzando por los más viejos, hasta que se quedó Jesús solo con la mujer, que seguía de pie ante Él. Entonces se enderezó y le dijo: 'Mujer, ¿dónde están? ¿Ninguno te ha condenado?' Ella contestó: 'Ninguno, señor.' Y Jesús le dijo: 'Tampoco Yo te condeno. Vete y en adelante no vuelvas a pecar.'"

—(Juan 8:2–11)

Imagínate a ti mismo en este pasaje. ¿Alguna vez te has sentido como esta mujer: sorprendido en tus pecados, acusado por otros, condenándote a ti mismo por errores que has cometido? ¿Qué estaría pensando y sintiendo ella cuando los Escribas y Fariseos la llevaron ante Jesús para acusarla? ¿Cómo crees que se sintió cuando todos la dejaron y se quedó sola con Jesús? ¿Qué habrá pasado por su mente cuando escuchó Sus palabras: "Tampoco Yo te condeno. Vete y en adelante no vuelvas a pecar"?

_____

_____

_____

Imagen de la Divina Misericordia © GoneWithTheWind / shutterstock.com

COMPROMISO - Continuación

Jesús rescata a esta mujer en dos formas. Él la perdona en lugar de condenarla, pero también silencia a sus acusadores. El perdón que recibimos en la confesión nos reconcilia con Dios, pero también significa que ya no hay nada que tenga en contra de nosotros, nuestro acusador, Satanás. Y también significa que ya no tenemos necesidad de acusarnos a nosotros mismos por nuestros pecados. Éstos son lavados y ahora somos libres. En lugar de nuestra culpabilidad, Dios nos da Su gracia sanadora. La misericordia nos hace libres para amar.

Dios nos ofrece Su misericordia para que nosotros, a cambio, podamos ofrecer Su misericordia a un mundo necesitado desesperadamente. **Toma unos momentos para que reflexiones en oración acerca de las maneras en que Dios te ha mostrado Su misericordia. Pídele al Espíritu Santo que te muestre a una persona a la que puedas extenderle la misericordia de Dios. Puede ser alguien que te haya hecho un mal, alguien que necesita escuchar el mensaje de la misericordia de Dios, alguien necesitado de una palabra dulce, una palabra que lo anime, etc. ¿Qué cosa concreta puedes hacer para compartir la misericordia de Dios con esa persona?**

la confesión: Es un encuentro con la misericordia de Dios

> "Mi Corazón está colmado de gran misericordia para las almas y especialmente para los pobres pecadores. Oh, si pudieran comprender que Yo soy para ellas el mejor Padre, que para ellas de Mi Corazón ha brotado Sangre y Agua como de una fuente desbordante de misericordia; para ellas vivo en el tabernáculo como Rey de Misericordia".
> **—Diario de Santa Faustina, 367**

ORACIÓN FINAL

Bendice al Señor, alma mía,
alabe todo mi ser su santo Nombre.
Bendice, alma mía, al Señor,
y no olvides ninguno de sus beneficios.
Él perdona todas tus ofensas y te cura de todas tus dolencias.
Él rescata tu vida de la tumba, te corona de amor y de ternura.
Él colma de dicha tu existencia y como el águila se renueva tu juventud.

El Señor es ternura y compasión, lento a la cólera y lleno de amor.

Cuanto se alzan los cielos sobre la tierra tan alto es su amor con los que le temen.
Como el oriente está lejos del occidente así aleja de nosotros nuestras culpas.
¡Bendice al Señor, alma mía!

Amén.

—Salmo 103:1–5, 8, 11–12, 22

PARA MÁS ESTUDIO

Catecismo de la Iglesia Católica, 1440-1445

Juan 8:1–11

Michael E. Gaitley MIC, *The Second Greatest Story Ever Told:
Now Is the Time of Mercy* (Stockbridge, MA: Marian Press, 2015)

Papa Francisco, *El Nombre de Dios es Misericordia* (Random House, 2016)

Papa San Juan Pablo II, encíclica *Dives in Misericordia* (1980)

Santa María Faustina Kowalska, El Diario de *Santa Faustina: La Divina Misericordia en
Mi Alma* (Stockbridge, MA: Marian Press, 2005)

Pláticas en inglés de Lighthouse Catholic Media:
  Scott Hahn, *The Healing Power of Confession*
  Padre Larry Richards, *Confession*

NOTAS

PERDONADO™

EL PODER TRANSFORMADOR DE LA CONFESIÓN

SESIÓN 3
Acogido en Misericordia:
Explicación del Rito

ORACIÓN INICIAL

Dichoso el que es absuelto de pecado
y cuya culpa le ha sido borrada.
Dichoso el hombre aquel a quien Dios no le nota culpa
alguna y en cuyo espíritu no se halla engaño.
Hasta que no lo confesaba, se consumían mis huesos,
gimiendo todo el día.
Tu mano día y noche pesaba sobre mí, mi corazón
se transformó en rastrojo en pleno calor del verano.
Te confesé mi pecado, no te escondí mi culpa.
Yo dije: "Ante el Señor confesaré mi falta".
Y Tú, Tú perdonaste mi pecado, condonaste mi deuda.
Por eso el varón santo te suplica en la hora de la angustia.
Aunque las grandes aguas se desbordasen,
no lo podrán alcanzar.
Tú eres un refugio para mí,
me guardas en la prueba,
y me envuelves con tu salvación.

—Salmo 32:1–7

INTRODUCCIÓN

No es fácil admitir cuando hemos hecho algo mal o hemos
fallado en hacer algo bueno. Pero cuando aprendemos
a confiar en la misericordia de Dios, no debemos tener
miedo de enfrentar nuestros pecados. Esa misericordia
está presente ante nosotros en una forma muy real en el
confesionario por medio del ministerio del sacerdote. El
amor misericordioso de Dios le da forma a cada palabra y a
cada acción del sacramento, y cuando nos preparamos para
recibirlo honestamente y en oración, estaremos abiertos a
recibir la plenitud de Su gracia.

Algunas heridas son más profundas que otras. Debido a que el pecado mortal destruye la vida de gracia en el alma y fragmenta nuestra relación con Dios y con Su Iglesia, necesitamos a un ministro de Dios (el sacerdote) para absolvernos formalmente cuando comentemos pecado mortal. La confesión es el medio ordinario de perdón en la Iglesia, y uno de los preceptos de la Iglesia requiere que confesemos los pecados mortales por lo menos una vez al año.

Cualquier persona que sepa que ha cometido un pecado mortal no debe recibir la Eucaristía, incluso si piensa que tiene una contrición perfecta, sin primero haber recibido la absolución en el Sacramento de Reconciliación **(ver CIC 1856–1859, 1452–1453, 1457).**

CONEXIÓN

¿Puedes describir un tiempo en que hayas tenido que asumir un riesgo y confiar en que todo estaría bien?

¿Qué te gustaría que hiciera la valentía?

"Ocultar sus faltas no conduce a nada, el que las reconoce y renuncia a ellas se hace perdonar".
—Proverbios 28:13

VIDEO

Ver el video. El siguiente es un breve resumen de los temas tratados.

I. La perspectiva de los sacerdotes sobre la confesión

   A. Es un gozo y un privilegio dar la bienvenida a personas que regresan a Dios en el sacramento

   B. No hay nada nuevo bajo el sol—no vas a sorprender al sacerdote con tu pecado

   C. Es absolutamente confidencial (sello de confesión)

   D. Admiración por la valentía del penitente

   E. Muchos sacerdotes olvidan todo lo que escucharon en el confesionario

   F. El pecado es perdonado para hacernos libres para amar

II. El sacramento

   A. Examen de conciencia

   1. Nos preparamos para el sacramento porque tomamos el encuentro con Cristo muy seriamente

   2. Considerar los pecados que hemos cometido

   3. Tener en mente que nos estamos dirigiendo a nuestro Padre amoroso

   4. "En mis pensamientos"—nuestras palabras y acciones tienen su raíz en nuestros pensamientos

   5. "En mis palabras"—podemos pecar por medio de lo que decimos

   6. "En mis obras"—los pecados cometidos; lo que más comúnmente consideramos pecado

   7. "En mi omisión"—los pecados de omisión (lo que debí haber hecho y no lo hice)

   B. Señal de la cruz

   C. (El Sacerdote dice) Ave María Purísima... (El Penitente responde) sin pecado concebida. ¿Hace cuándo que no te confiesas?

D. Menciona tus pecados

    1. Simple, en forma directa y honestamente

    2. Humildemente pero sin humillarse

    3. Menciona primero los pecados más serios, y si olvidas algún pecado menor, no te preocupes

E. Penitencia

    1. Acción de amor y de gratitud como respuesta al perdón de Dios

    2. Se enfoca en algunas de las consecuencias prácticas del pecado

F. Acto de contrición

    1. Como una disculpa formal

    2. Se puede usar una oración ya memorizada o decir tu propia oración

G. Absolución

    1. El sacerdote eleva su mano sobre el penitente—invoca la presencia de Dios

    2. El sacerdote recita la oración de absolución—éste es el momento del perdón

        a. Padre de las misericordias

        b. Perdón y paz

        c. Ministerio de la Iglesia

Cada vez que hacemos un examen de conciencia, también podemos contemplar otros aspectos del pecado para ver lo que deberíamos decir en confesión. El *Catecismo* nos dice que podemos distinguir entre los pecados: (1) según su objeto, las virtudes a las que se oponen o los mandamientos que violan; (2) si son con respecto a Dios, al prójimo o a nosotros mismos; (3) si son pecados espirituales o de la carne; y (4) si se refieren al pensamiento, palabra, obra u omisión **(ver CIC 1853).**

DISCUSIÓN

1. En el video escuchamos que Dios perdona nuestros pecados para darle paso al amor. La gracia se incrementa en nuestras almas de una forma similar a la forma en que el fuego incrementa en su brillo y calor cuando se le agrega más combustible. Ya que la gracia santificante es la propia vida de Dios, ¿cómo entendemos el incremento de la vida de Dios en nosotros cuando ya está presente en todo lugar y es infinito?

_____

_____

2. La voluntad de Dios para nuestras vidas es crecer en conocimiento de uno mismo, tener auto control y darnos a los demás. En otras palabras, es difícil darnos a nosotros mismos en amor si no somos libres para amar. Y, es difícil crecer en la libertad necesaria para amar si no somos capaces de contenernos. ¿Cómo el comprender el propósito de nuestras vidas pone énfasis en la importancia de un buen examen de conciencia?

No tener pena para decir los pecados

3. Se le preguntó a un candidato presidencial lo siguiente: "¿Cómo defines el pecado?". Su respuesta fue: "No estar en línea con mis valores". ¿Qué problema hay con esta respuesta?

_____

_____

> "La confesión sana, la confesión justifica, la confesión otorga el perdón de los pecados, toda la esperanza consiste en la confesión; en la confesión existe una oportunidad para la misericordia".
> —San Isidoro de Sevilla

COMPROMISO—Un Encuentro con la Misericordia de Dios

Un examen de conciencia es una reflexión en oración de nuestra propia vida, pensando en los pecados que hayamos cometido con nuestros pensamientos, palabras, obras y omisión. Existen muchos tipos de examen de conciencia – algunos se basan en los 10 mandamientos, otros se basan en los pecados capitales (o mortales). Una manera simple de darnos cuenta de los pecados cometidos es meditando sobre nuestros pensamientos, palabras, acciones y omisiones a través los dos grandes mandamientos: **"El primer mandamiento es: Escucha, Israel: El Señor, nuestro Dios, es un único Señor. Amarás al Señor, tu Dios, con todo tu corazón, con toda tu alma, con toda tu inteligencia y con todas tus fuerzas. Y después viene este otro: Amarás a tu prójimo como a ti mismo"** (Marcos 12:29-31). Toma un tiempo para hacer oración en silencio, para reflexionar en estos versículos. Comienza pidiéndole al Espíritu Santo que te ayude a hacer este examen de conciencia:

Espíritu de verdad, guíame mientras examino mi vida. Dame la sabiduría para ver todos mis pensamientos, palabras, obras y omisiones como Tú las miras. Dame el valor para reconocer mis pecados. Dame la humildad y la fortaleza para confesarlos. Y dame la gracia para confiar con todo mi corazón en Tu misericordia y perdón. Amén.

En oración, medita en estas preguntas: **"¿En qué formas no he amado a Dios con todo mi corazón, con toda mi alma, con toda mi mente y con todas mis fuerzas? ¿En qué formas he fallado para amar a mi prójimo como a mí mismo?**

_____

_____

_____

¿Qué crees que significa ver nuestros pecados como Dios los ve?

_____

"Dirígete a tu confesor; abre tu corazón hacia él; muéstrale todo lo que está en lo más hondo de tu alma; acepta el consejo que te dará con la mayor humildad y simplicidad. Pues Dios, Quien tiene un amor infinito por la obediencia, a menudo hace provechosos los consejos que tomamos de otras personas, pero especialmente de aquéllos que provienen de los que guían nuestras almas".
—San Francisco de Sales

ORACIÓN FINAL

Yo confieso

Yo confieso ante Dios Todopoderoso,
y ante ustedes hermanos que he pecado mucho
de pensamiento, palabra, obra y omisión.
Por mi culpa, por mi culpa, por mi gran culpa.
Por eso ruego a Santa María siempre Virgen,
a los ángeles, a los santos y a ustedes hermanos,
que intercedan por mí ante Dios, Nuestro Señor.

Amén.

—*Misal Romano, 4*

Confesionarios exteriores en Cracovia, Polonia,
preparados para el Día Mundial de la Juventud 2016 © Nahlik / shutterstock.com

PARA MÁS ESTUDIO

Catecismo de la Iglesia Católica, 1480–1484, 1846–1869

Christopher Walsh, *The Untapped Power of the Sacrament of Penance: A Priest's View* (Cincinnati, OH: Servant Books, 2005)

En esta página de internet encontrarás varios exámenes de conciencia:
http://www.corazones.org/sacramentos/penitencia/examen.htm

Juan A. Kane, *How to Make a Good Confession: A Pocket Guide to Reconciliation with God* (Manchester, NH: Sophia Institute Press, 2001)

Augustine Institute: Folleto en inglés *How to Make a Good Confession*

Plática en inglés de Lighthouse Catholic Media: *7 Secrets of Confession* de Vinny Flynn

EL PODER TRANSFORMADOR DE LA CONFESIÓN

Examen de Conciencia Basado en los Diez Mandamientos

1. Yo soy el Señor Tu Dios. No tendrás otros dioses fuera de Mí. ¿Pongo a Dios antes que a mi cónyuge?, ¿antes que a mis hijos?, ¿antes que a mi trabajo? ¿Creo que Dios me ama? ¿Tengo algún "dios falso" en mi vida, como el dinero, la fama, el poder o posesiones? ¿He estado involucrado en la adivinación del futuro, la astrología, lectura de la mano o en hechicería? ¿Hago oración todos los días?

2. No tomarás el nombre de Dios en vano. ¿Uso malas palabras o maldigo a Dios? ¿He hecho juramentos o promesas a Dios que no he cumplido? ¿He permitido que otros juren en mi presencia?

3. Santificarás el día del Señor y las fiestas de guardar. ¿Asisto a Misa los domingos y las fiestas de guardar? ¿Evito trabajo innecesario los domingos? ¿Evito las compras innecesarias los domingos?

4. Honrarás a tu padre y a tu madre. ¿Muestro amor hacia mis padres, sin importar su edad? ¿Les ayudo cuando puedo? ¿Respeto a mi jefe y a otros que tienen autoridad sobre mí? Si soy un padre de familia, ¿les he dado mal ejemplo de palabra o de acción a mis hijos? ¿Estoy formando a mis hijos en la fe católica?

5. No matarás. ¿He matado o lastimado seriamente a alguien? ¿He participado en chismes? ¿He tenido algún aborto o ayudado a alguien a tener un aborto? ¿He perdido la paciencia, he caído en la ira o tenido algún resentimiento contra mi prójimo? ¿He guardado algún rencor y rehusado a perdonar? ¿He lastimado alguna vez a alguien física, mental o emocionalmente? ¿Cuido del medio ambiente?

6. No cometerás adulterio. ¿He visto o participado en pornografía? ¿He visto películas que son violentas o que tienen inmoralidad sexual? ¿He consentido pensamientos de lujuria?¿Me he masturbado? ¿He tenido relaciones antes del matrimonio? ¿He tratado a alguien como un objeto más que como una persona? ¿Como o bebo en exceso? ¿He perdido la sobriedad por medio del alcohol o el uso de drogas?

7. No robarás. ¿He robado algo? ¿Doy siempre un día completo de trabajo por mi pago de salario diario? ¿Copio en la escuela o en mi negocio? ¿Soy justo pagándoles a mis empleados? ¿Soy honesto al pagar mis impuestos? ¿He perdido el tiempo? ¿He sido generoso al servir a los pobres?

8. No darás falso testimonio ni mentirás. ¿He dicho alguna mentira, incluso una mentira "piadosa"? ¿He dicho mentiras para evitar meterme en problemas? ¿He revelado los secretos de otras personas? ¿Me he metido en lo que no me incumbe? ¿He acusado a alguien falsamente? ¿He juzgado a otros severamente? ¿He perjudicado o discriminado a alguien?

9. No desearás la mujer de tu prójimo. ¿Le he sido infiel a mi cónyuge en mis acciones o en mis pensamientos? ¿He usado a mi esposa o esposo únicamente para satisfacer mis deseos sexuales? ¿He actuado inapropiadamente con personas del sexo opuesto?

10. No codiciarás las cosas ajenas. ¿He envidiado a alguien por sus posesiones, dinero, fama o éxito? ¿He usado más de mis recursos?

NOTAS

PERDONADO™

EL PODER TRANSFORMADOR DE LA CONFESIÓN

SESIÓN 4
Fundamentos Bíblicos:
El Pecado, la Misericordia y
el Sacramento de Reconciliación

ORACIÓN INICIAL

Señor, escucha mi oración, atiende a mis plegarias,
respóndeme Tú que eres fiel y justo.
No llames a juicio a tu siervo pues
no hay quien sea justo en tu presencia.
El enemigo corre tras mi vida, me aplasta contra el suelo,
y me manda de vuelta a las tinieblas junto
a los muertos sin edad ni tiempo.

Mi espíritu en mí desfallece, mi corazón se asusta en mi interior.
Me acuerdo de los días de otro tiempo, medito en todas tus
acciones, en la obra de tus manos reflexiono.
Alargo a Ti mis manos, mi alma es una tierra sedienta de Ti.

Apresúrate, Señor, en responderme,
porque me estoy quedando sin resuello, no me escondas tu cara,
que no sea de los que bajan a la fosa.
Hazme sentir tu amor desde la mañana, pues en Ti yo confío;
haz que sepa el camino que he de seguir,
pues levanto a Ti mi alma.

Amén.

INTRODUCCIÓN

Te has preguntado, "¿Dónde está eso en la Biblia?". Cuando
se trata del Sacramento de Reconciliación, tanto algunos
Católicos como los no Católicos, a menudo desean saber
cómo el confesar nuestros pecados a un sacerdote va de
acuerdo a pasajes de la Escritura, como por ejemplo: **"¿Quién
puede perdonar pecados sino sólo Dios?"** (Marcos 2:7).
La confesión tiene su raíz en la revelación de Dios de Su
misericordia y su autoridad viene de las Escrituras— pues una
mirada rápida en las Escrituras nos demuestra que realmente
este sacramento es bíblico.

CONEXIÓN

¿Cómo ha cambiado tu percepción de Dios desde tu niñez hasta el día de hoy?

¿Cómo ha cambiado la percepción de ti mismo desde tu niñez hasta el día de hoy?

> *"Ora con gran confianza, con confianza basada en la bondad e infinita generosidad de Dios y en las promesas de Jesucristo. Dios es una fuente de agua viva que fluye sin cesar en los corazones de aquéllos que oran".*
>
> **—San Luis Grignón de Montfort**

VIDEO

Ver el video. El siguiente es un breve resumen de los temas tratados.

PARTE I

I. El pecado y la misericordia en las Escrituras

   A. Adán y Eva pecaron, y Dios les mostró misericordia

   B. Este patrón se repite a lo largo de las Escrituras: Israel peca y Dios responde con misericordia

   C. El ejemplo más grande es en el Monte Sinaí

35

Un gerente delegando trabajo a un equipo © Jirsak / shutterstock.com

VIDEO CONTINUADO

II. Éxodo 34:6–7

    A. Se convierte en uno de los pasajes más importantes en el Antiguo Testamento

    B. Ocho atributos clave de Dios

        1. Misericordioso

        2. Clemente

        3. Tardo a la cólera

        4. Rico en amor

        5. Fiel

        6. Mantiene Su benevolencia por mil generaciones

        7. Soporta la falta, la rebeldía y el pecado

        8. Pero nunca los deja sin castigo
          (a los que no piden perdón)

    C. Todos los libros proféticos mencionan este pasaje para recordarle a Israel la misericordia de Dios.

III. *Shuv*

    A. "Arrepentimiento" en hebreo

    B. Literalmente "volverse"

    C. El arrepentimiento se refiere a cambiar de nuestros caminos a los caminos de Dios

IV. David

A. Fue muy bendecido y favorecido por Dios

B. Pero luego cometió adulterio y mató para cubrir su pecado

C. David admitió su pecado y se arrepintió (2 Samuel 12)—
a diferencia de Saúl quien negó su pecado

D. David tiene valor para confesar su pecado porque tiene esperanza en la misericordia de Dios

    1. Salmo 51:1—**"Ten piedad de mí, oh Dios"**

    2. Temas de misericordia y perdón en el Salmo 51 hacen recuerdo de los atributos de Dios revelados en Éxodo 34:6–7

E. David nos muestra qué significa confiar en el perdón de Dios

    1. Últimas palabras de David, 2 Samuel 22 (también Salmo 18)

    2. 2 Samuel 22:21–27—David dice que él no tiene culpa y es puro

    3. Él puede decir esto porque confía en que el perdón de Dios realmente lo limpia de su pecado

    4. Salmo 103:12—**"Como el oriente está lejos del occidente así aleja de nosotros nuestras culpas"**

V. Exilio

A. Nehemías 9—Esdras les recuerda al pueblo las palabras de Éxodo 34:6–7 y el patrón del pecado de Israel y del perdón de Dios

B. El exilio es la manifestación física de la realidad del pecado—estar lejos de Dios

C. El regreso del exilio es el *shuv*—el pueblo vuelve de regreso a Jerusalén como signo del arrepentimiento y de su regreso a Dios

D. El escándalo real de las Escrituras es la misericordia de Dios

Egipto, Sinaí, Montaña de Moisés © Oleg_P / shutterstock.com

VIDEO Continuación

PARTE II

I. ¿Por qué confesamos nuestros pecados a un sacerdote?

  A. Mateo 9:1–8—el paralítico bajado del techo en la casa de Pedro

    1. La sanación física es un signo de que Jesús también tiene el poder y la autoridad de perdonar pecados

    2. Hijo del Hombre—referencia a Daniel 7:13–14

    3. "alabaron a Dios por haber dado tal poder a los hombres" (Mateo 9:8)

  B. Autoridad en el Evangelio de Mateo

    1. Mateo 8–9 muestra la autoridad de Jesús por medio de diez milagros

    2. El número 10 significa autoridad

    3. Jesús tiene autoridad del Padre, y Él tiene la autoridad de delegarla

    4. Mateo 10—Jesús otorga Su autoridad a los doce apóstoles y los envía

  C. Autoridad en el Evangelio de Lucas

    1. Lucas 10—Jesús envía a setenta discípulos con Su autoridad

    2. Jesús envía a Sus discípulos como Sus embajadores— ellos hablan Sus palabras

    3. 2 Corintios 5:18–20—Pablo habla de su ministerio como un embajador de la reconciliación con Cristo

  D. Autoridad en el Evangelio de Juan

    1. Juan 17:18—Jesús envía a los apóstoles como el Padre lo envío a Él (apostello, en griego significa "enviar")

    2. En el Antiguo Testamento, los ángeles llevan la presencia y la palabra de Dios, hablando en Su nombre.

    3. En el Nuevo Testamento, los apóstoles ahora llevan la presencia y la palabra de Dios, hablando en Su nombre

    4. Jesús comparte Su autoridad divina con los hombres

    5. Juan 20:22–23—Jesús les da a Sus apóstoles autoridad de perdonar pecados

DISCUSIÓN

1. El Autor Richard Dawkins escribe en *El Espejismo de Dios*: "El Dios del Antiguo Testamento podría decirse que es el personaje más desagradable de todas las obras de ficción". Siendo ateo, Dawkins escribe esto para minimizar la Cristiandad y la Biblia. ¿Cómo podemos reconciliar el Dios del Antiguo Testamento y el amor misericordioso de nuestro Padre celestial revelado a nosotros por medio de Jesucristo?

_____

_____

_____

2. Hablando de David, el gran rey de Israel, Dios dice lo siguiente: "Encontré a David, hijo de Jesé, un hombre a Mi gusto, que llevará a cabo Mis planes" (Hechos 13:22). Y aún así, David falló miserablemente en hacer la voluntad de Dios cuando cometió adulterio con Betsabé y cuando mandó matar a su esposo en la guerra para poder quedarse con ella y hacerla su esposa. Dadas estas circunstancias, ¿cómo es David un modelo ejemplar para nosotros?

_____

_____

_____

3. Al gran rabino Maimonides se le atribuye esta frase tan profunda: "Dale a un hombre un pescado y lo alimentarás por un día; mas enséñale a ese hombre a pescar y lo alimentarás por toda la vida". ¿Cómo esta frase te da una visión de las razones por las cuales Jesús delegó Su sacerdocio?

_____

_____

_____

Moisés y los Mandamientos por Gustave Dore © ruskpp / shutterstock.com

"La paciencia de Dios debe encontrar en nosotros la valentía de volver a Él, sea cual sea el error, sea cual sea el pecado que haya en nuestra vida... Es precisamente en las heridas de Jesús que nosotros estamos seguros, ahí se manifiesta el amor inmenso de su corazón. Tomás lo había entendido. San Bernardo se pregunta: ¿En qué puedo poner mi confianza? ¿En mis méritos? Pero 'mi único mérito es la misericordia de Dios. No seré pobre en méritos, mientras él no lo sea en misericordia. Y, porque la misericordia del Señor es mucha, muchos son también mis méritos'. Esto es importante: la valentía de confiarme a la misericordia de Jesús, de confiar en su paciencia, de refugiarme siempre en las heridas de su amor".

—Papa Francisco, *Homilía en el domingo de la Divina Misericordia*, 7 de abril del 2013

COMPROMISO—Un Encuentro con la Misericordia de Dios

En el video, el Dr. Gray dijo que Éxodo 34:6–7 se convierte en uno de los pasajes más importantes en el Antiguo Testamento para entender quién es Dios. Lee este pasaje dos o tres veces, de manera calmada y en oración.

"Yavé, Yavé es un Dios misericordioso y clemente, tardo a la cólera y rico en amor y en fidelidad. Él mantiene su benevolencia por mil generaciones y soporta la falta, la rebeldía y el pecado, pero nunca los deja sin castigo; pues por la falta de los padres pide cuentas a sus hijos y nietos hasta la tercera y la cuarta generación" (Éxodo 34:6–7)

¿Cuál de las ocho características clave de Dios que se revelan en este pasaje te llama más la atención? ¿Por qué?

_____

_____

El salmo 18 es una oración que David le dirige a Dios en acción de gracias por haberlo liberado de su enemigo Saúl. Cuando la oró de nuevo al final de su vida, David de seguro comprendió la necesidad de darle gracias a Dios no sólo por rescatarlo físicamente a lo largo de su vida, sino también, y aún más importante, por haberlo liberado de sus pecados. Lee todo el salmo 18 y luego compón tu propio salmo (un salmo corto) de acción de gracias a Dios por Su misericordia salvífica hacia ti.

_____

ORACIÓN FINAL

Yo te amo, Señor, mi fuerza,
El Señor es mi roca y mi fortaleza; es mi libertador y es mi Dios,
es la roca que me da seguridad; es mi escudo y me da la victoria.
Invoco al Señor que es digno de alabanzas, y me veo libre de mis enemigos.

Me sacó a un espacio abierto, me salvó porque me amaba.
El Señor según mis méritos me trata, limpias son mis manos, y Él me lo paga.
Porque guardé los caminos del Señor y no hice el mal lejos de mi Dios.
Me acuerdo siempre de sus decisiones, y nunca descarto sus mandamientos.
Ante él soy irreprochable y me cuido de cometer pecado alguno.

Por eso me retribuye según mis méritos, según mi pureza que sus ojos ven.
Con el que es fiel, Tú te muestras fiel, si alguien no falla, tampoco Tú le fallas.
Con el que es sin doblez, Tú eres leal, pero con los tramposos eres mañoso.
Tú salvarás a un pueblo humilde y humillarás los ojos altaneros.

Tú haces, Señor, que brille mi lámpara, ¡mi Dios ilumina mis tinieblas!
Contigo acometo las huestes, con mi Dios escalo la muralla.
Mi Dios, su proceder es perfecto, y su palabra es a toda prueba.
Él es un escudo para cualquiera que se acoja a Él.

Amén.

—Salmo 18:1–4, 20–31

PARA MÁS ESTUDIO

Tim Gray, "Sacrament of Penance and Reconciliation" en *Sacraments in Scripture: Salvation History Made Present* (Steubenville, OH: Emmaus Road Publishing, 2001)

Scott Hahn, *Señor Ten Piedad* (La Fuerza Sonante de la Confesión), 2006.

Catecismo de la Iglesia Católica sobre el Sacramento de Penitencia y Reconciliación, 1440–1445

NOTAS

PERDONADO™

EL PODER TRANSFORMADOR DE LA CONFESIÓN

SESIÓN 5
Respuesta a tus Preguntas

ORACIÓN INICIAL

Dios mío, espero de Tu bondad,
por Tus promesas y por los méritos de Jesucristo,
nuestro Salvador, la vida eterna y la gracia necesaria
para merecerla con las buenas obras que debo y quiero hacer.
Señor, que pueda gozarte para siempre.

Amén.

—Acto de esperanza

INTRODUCCIÓN

En 1 Juan 4:8 leemos que **"Dios es amor"**. Esto es el comienzo de
la respuesta a cualquier pregunta posible sobre el Sacramento
de Reconciliación. Durante todo el curso de este estudio hemos
contemplado el amor y la misericordia de Dios, cómo Él nos busca
y nos llama de nuevo a Sí cuando pecamos, cómo prepararnos
y participar en el Sacramento de Reconciliación, y dónde
encontramos sus bases en las Escrituras. Todo esto comienza en el
amor de Dios por nosotros y Su deseo de perdonarnos y sanarnos
por medio de este sacramento. ¿Por qué nos confesamos ante
un sacerdote? ¿Por qué está diseñado este sacramento así? La
primera parte de la respuesta es: porque Dios es amor.

¿Has identificado un llamado particular o un propósito para tu vida?

¿Qué te llama más la atención sobre pasar toda la eternidad en el cielo?

> *"Vi a nuestro Señor mismo en . . . este venerable sacramento . . . Me sentí como si mis cadenas cayeran, como esas cadenas de San Pedro al toque del mensajero divino. Mi Dios, ¡qué nuevas escenas para mi alma!".*
>
> **—Santa Elizabeth Ann Seton**

VIDEO

Ver el video. El siguiente es un breve resumen de los temas tratados.

I. **Sacramento de Misericordia**

   A. Necesitamos este sacramento cuando nuestras vidas comienzan a hundirse

   B. Jesús nos alcanza para salvarnos, así como salvó a San Pedro

II. **Fundamento teológico del sacramento**

   A. Dios es amor (1 Juan 4:8)

      1. La misma naturaleza de Dios es amor—Él es una comunión de Personas en la Santísima Trinidad

      2. Cuando nos alejamos del amor de Dios, Él nos busca

   B. La revelación de Dios mismo en Éxodo 34:6 es misericordia y amor

   C. *Hesed,* la palabra hebrea para "amor comprometido" o "amor prolongado"

45

VIDEO Continuación

    D. Jesús está constantemente en Su ministerio público saliendo en búsqueda de los demás

    E. Juan 20:19–23

        1. Jesús envía a Sus apóstoles con autoridad para perdonar pecados

        2. Ellos continúan el ministerio de reconciliación que Jesús inició

        3. Juan 20:23—**"A quienes perdonéis los pecados, les quedan perdonados"**

    F. 2 Corintios 5:18–20—Pablo y los demás apóstoles comparten este ministerio

        1. Esta autoridad es transferida de los apóstoles a sus sucesores

        2. El Sacerdote detrás del sacerdote: Jesús

        3. El sacerdote actúa en la Persona de Cristo, la Cabeza

III. ¿Por qué no vas directamente a Dios?

    A. Todos estamos llamados a ir directamente a Dios cada día

    B. La confesión es la forma más directa de ir a Dios para pedir Su perdón

    C. Dios siempre ha trabajado por medio de mediadores (Moisés, Elías, Eliseo, los apóstoles)

IV. ¿Por qué tiene sentido que Dios establezca la confesión de esta forma?

    A. Es muy saludable reconocer nuestros errores y recibir perdón

    B. Dios sabe lo que necesitamos

V. ¿Cuáles son los efectos del sacramento?

    A. Somos reconciliados con Dios (CIC 1468)

    B. Somos reconciliados con la familia de Dios, la Iglesia (CIC 1469)

    C. Tenemos un encuentro con el poder sanador de la misericordia de Dios

VI. Rito de Penitencia

A. El primer paso es prepararnos con anticipación con un examen de conciencia

B. Confesar nuestros pecados y hacer un esfuerzo por recordarlos todos sinceramente

C. La penitencia es una expresión del amor después de haber recibido el don gratuito del perdón

D. Palabras de absolución—Jesús está presente y Él es quien nos perdona nuestros pecados

VII. La mujer encontrada en adulterio como imagen de la confesión

A. Jesús no la condenó en su pecado

B. Él la amó demasiado para dejarla en su pecado: "Vete y no vuelvas a pecar"

"El perdón de los pecados reconcilia con Dios y también con la Iglesia".

—CIC 1462

DISCUSIÓN

1. Matt no había ido a confesarse por siete años. Él había estado viviendo lejos de Dios y llegó a un punto límite. Sin saber a dónde dirigirse, él fue a la parroquia y se paró en la línea para confesarse. Él escribe acerca de su experiencia: "Cuando escuché las palabras de absolución del sacerdote, fue como si unas cadenas pesadas cayeran de mi cuerpo. Experimenté un sentido de libertad y gozo que no había conocido antes. Eso fue hace casi ya veinte años, y hoy, ¡todavía soy ese hombre transformado! ¿Cómo la historia de Matt hace énfasis en nuestra necesidad psicológica y espiritual del sacramento?

_____

_____

2. En el libro "The Fate of Empires and the Search for Survival" *(El Destino de los Imperios y la Búsqueda de la Sobrevivencia)*, el historiador Sir John Bagot Glubb (1897-1987) hace un relato histórico de la decadencia y caída de grandes imperios e identifica un ciclo similar en todos. Al inicio, la colectividad de auto sacrificio y disciplina edifica el imperio. Luego sigue la prosperidad y conduce a una mayor comodidad, a menos religiosidad y a una declinación moral. Finalmente, esta declinación conduce al egoísmo, una forma de vida decadente y eventualmente a la caída. ¿Cómo demuestra este ciclo la naturaleza corporativa del pecado y la necesidad del Sacramento de Reconciliación?

_____

_____

3. Jesús le dice a la mujer acusada de adulterio: ***"Yo tampoco te condeno; vete y no peques más"*** [Juan 8:11]. ¡Sus palabras demuestran que Dios nos ama así como somos, pero nos ama demasiado para dejarnos en el estado en el que nos encontramos! ¿Por qué no es suficiente decir que "Dios te ama así como eres"?

_____

_____

_____

PASO 5: COMPROMISO—Un Encuentro con la Misericordia de Dios

La historia del hijo pródigo es tal vez la más familiar de las parábolas que Jesús narra. Esta narración de pecado, arrepentimiento y perdón es una ilustración maravillosa de cómo podemos encontrar a Dios en la confesión. Lee este pasaje completo lentamente y en oración:

"Había un hombre que tenía dos hijos. El menor dijo a su padre: 'Dame la parte de la hacienda que me corresponde'. Y el padre repartió sus bienes entre los dos. El hijo menor juntó todos sus haberes, y unos días después, se fue a un país lejano. Allí malgastó su dinero llevando una vida desordenada. Cuando ya había gastado todo, sobrevino en aquella región una escasez grande y comenzó a pasar necesidad. Fue a buscar trabajo, y se puso al servicio de un habitante del lugar que lo envió a su campo a cuidar cerdos. Hubiera deseado llenarse el estómago con la comida que daban a los cerdos, pero nadie le daba algo. Finalmente recapacitó y se dijo: ¡Cuántos salariados de mi padre tienen pan de sobra, mientras yo aquí me muero de hambre! Tengo que hacer algo: volveré donde mi padre y le diré: 'Padre, he pecado contra Dios y contra ti. Ya no merezco ser llamado hijo tuyo. Trátame como a uno de tus asalariados'. Se levantó, pues, y se fue donde su padre. Estaba aún lejos, cuando su padre lo vio y sintió compasión; corrió a echarse a su cuello y lo besó. Entonces el hijo le habló: 'Padre, he pecado contra Dios y ante ti. Ya no merezco ser llamado hijo tuyo'. Pero el padre dijo a sus servidores: '¡Rápido! Traigan el mejor vestido y pónganselo. Colóquenle un anillo en el dedo y traigan calzado para sus pies. Traigan el ternero gordo y mátenlo; comamos y hagamos fiesta, porque este hijo mío estaba muerto y ha vuelto a la vida; estaba perdido y lo hemos encontrado'. Y comenzaron la fiesta".

—Lucas 15:11–24

Considera al hijo menor al inicio de esta parábola. Cuando él pide lo que le corresponde de la herencia, básicamente le está diciendo a su padre: "Prefiero lo que tienes a quien tú eres—deseo tus cosas, pero no te quiero más". **¿Cómo crees que esto haya hecho sentir al padre?**

_____

_____

49

COMPROMISO - Continuación

Cuando el hijo había malgastado su herencia, él rápidamente se dio cuenta qué vacío estaba el estilo de vida que eligió. Él quiso regresar a casa, pero sintió que sus malas elecciones eran un obstáculo para regresar a la forma en que las cosas eran antes. **¿Cómo es esto parecido (o no parecido) a nuestra experiencia del pecado?**

_____

_____

El padre debió haber estado buscando a su hijo porque él lo vio "cuando aún estaba lejos". Este padre amoroso y compasivo no pudo esperar a que su hijo regresara hasta la casa, sino que corrió para encontrarlo. Y estaba tan dispuesto a perdonarlo y a recibirlo que ni siquiera dejó que su hijo terminara con su petición de perdón que había planeado decirle. Fue suficiente que su hijo deseara regresar a casa. **¿Cómo piensas que el hijo se sintió cuando su padre lo recibió de esta manera? ¿Has tenido alguna experiencia similar en tu vida, que estuvieras dispuesto a compartir con nosotros?**

_____

_____

En el Sacramento de Reconciliación, nuestro Señor nos busca y corre a nuestro encuentro. Es suficiente que deseemos regresar a casa. Cuando nos acercamos al sacramento con dolor por nuestros pecados, Dios nos invita a casa y nos envuelve con Su gracia. Estábamos muertos y ahora estamos vivos de nuevo. Estábamos perdidos y ahora fuimos encontrados.

Haz una cita con Dios para encontrarte con Su misericordia amorosa en el Sacramento de Reconciliación. Busca un tiempo para que puedas ir a confesarte. Escríbelo y comienza a prepararte ahora y a orar por la gracia de tener una buena confesión.

_____

La palabra Cita escrita en un calendario ©
shutteratakan / shutterstock.com

"El perdón de los pecados reconcilia con Dios y también con la Iglesia".

—CIC 1462

ORACIÓN FINAL

A Ti, Señor, elevo mi alma, a Ti que eres mi Dios.
En Ti he confiado, que no quede avergonzado ni se rían de mí mis enemigos.

Haz, Señor, que conozca tus caminos, muéstrame tus senderos.
En tu verdad guía mis pasos, instrúyeme, Tú que eres mi Dios y mi Salvador.
Te estuve esperando todo el día, sé bueno conmigo y acuérdate de mí.
Acuérdate que has sido compasivo y generoso desde toda la eternidad.
No recuerdes las faltas ni los extravíos de mi juventud;
pero acuérdate de mí según tu amor.
El Señor es bueno y recto; por eso muestra el camino a los que han pecado.
Dirige los pasos de los humildes, y muestra a los sencillos el camino.
Amor y lealtad son todos sus caminos, para el que guarda su alianza y sus mandatos.
¡Rinde honor a tu nombre, Señor, y perdona mi deuda, que es muy grande!

Mírame y ten compasión de mí, que estoy solo y desvalido.
Afloja lo que aprieta mi corazón y hazme salir de mis angustias.
Contempla mi miseria y mi fatiga y quítame de encima todos mis pecados.

Amén.

—Salmo 25:1–2, 4–11, 16–18

PARA MÁS ESTUDIO

Catecismo de la Iglesia Católica, 1420–1498

NOTAS

¿De qué se trata eso de ser Católico?

Descubre la verdad de tu fe Católica
con una muestra gratis de **formed.org**.

FORMED®

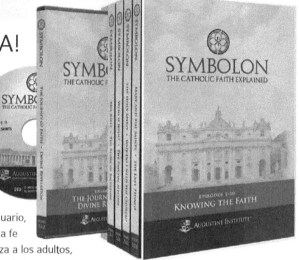